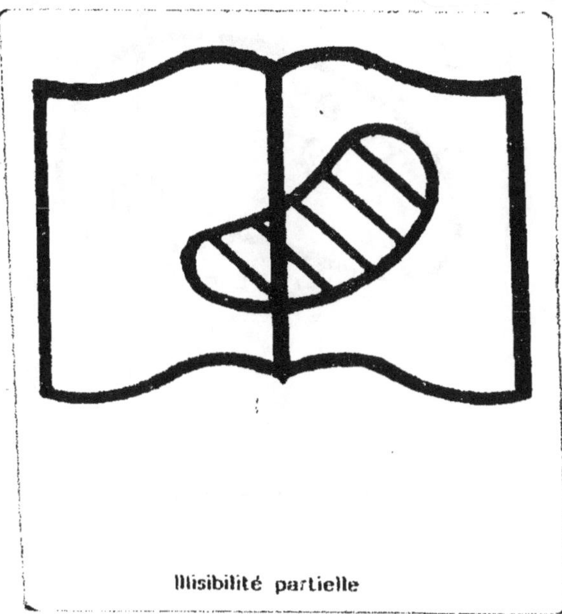

Illisibilité partielle

Début d'une série de documents
en couleur

N° 1. COLLECTION ARTHUR SAVAÈTE A **0,75** CENTIMES

*Politique et Littérature, Arts, Sciences, Histoire, Philosophie
et Religion*

UN
Poète abbé

JACQUES DELILLE

1738-1813

PAR

Louis AUDIAT

———— ✳ ————

PARIS

ARTHUR SAVAÈTE, ÉDITEUR

76, RUE DES SAINTS-PÈRES, 76

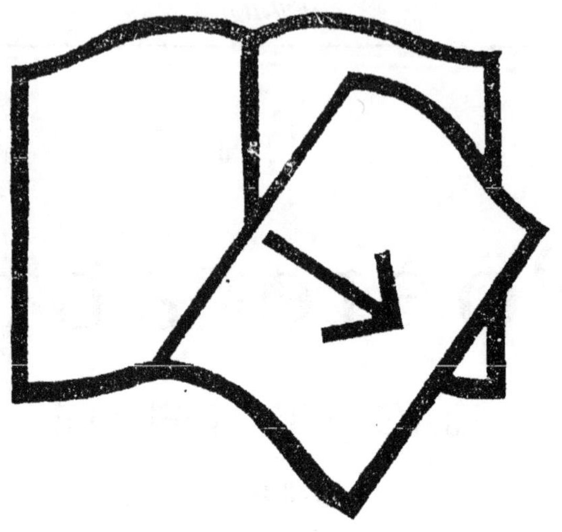

Couverture inférieure manquante

Fin d'une série de documents
en couleur

UN POÈTE ABBÉ

N° 1 Collection Arthur Savaète a 0,75 centimes

Politique et Littérature, Arts, Sciences, Histoire, Philosophie et Religion

UN
Poète abbé
JACQUES DELILLE
1738-1813

PAR

Louis AUDIAT

PARIS
ARTHUR SAVAÈTE, ÉDITEUR
76, RUE DES SAINTS-PÈRES, 76

UN POÈTE ABBÉ

Le 1ᵉʳ juin 1885, le peuple de Paris faisait à Victor Hugo de grandes funérailles, un peu fastueuses peut-être. Le gouvernement s'y associa et fit en sorte que tout fût vaste et grandiose. Tout ? Non. Voulut-on, après la mort du poète, continuer l'antithèse dont il avait fait la figure dominante de ses œuvres ? De fait, il y avait un contraste presque violent entre le poète si grand et l'homme si petit. On voit encore cet immense cortège et ce modeste cercueil, cette foule prodigieuse où figuraient les grands corps de l'État, ce que la France comptait de plus illustre dans l'armée, l'institut, l'administration, le clergé excepté — il était remplacé par les Beni-Bouffe-toujours. — Et l'on croyait qu'aucune cérémonie aussi majestueuse ne s'était vue depuis la pompe funèbre de Mirabeau (4 avril 1791). Le cortège d'une lieue, qui commença à 5 heures du matin, n'arriva à Sainte-Geneviève, laïcisée *ad hoc*, qu'à minuit, seize soldats citoyens se relayant pour porter le cadavre, apothéose sitôt suivie des gémonies, et les restes de Mirabeau jetés à la voirie sur la proposition de Marie-Joseph Chénier, pour laisser sa place de Panthéon à Marat.

Se doute-t-on aujourd'hui qu'un autre poète, au commencement de ce siècle, balança la gloire de Victor Hugo et eut des obsèques aussi splendides ? Il ne fut pas porté sous l'arc de triomphe, et pour cause ; mais il fut exposé dans une salle du collège de France, sur un lit de parade, où, pendant plusieurs jours, la foule défila devant ce mort illustre, la figure légèrement peinte, le front couronné de lauriers. Le jour où de l'église de Saint-Etienne-du-Mont on porta le cercueil au Père-Lachaise, les rues étaient pleines de monde, les fenêtres garnies de spectateurs. Les membres de l'institut, les professeurs du collège de France, les savants, les artistes suivaient recueillis. Un corbillard magnifique avait été préparé ; les étudiants se firent un honneur de porter le corps de leur maître. Le drap mortuaire était tenu par le comte Regnaud de Saint-Jean-d'Angély, président de la seconde classe de l'institut, le comte de Ségur, grand-maître des cérémonies, le chevalier Delambre, secrétaire perpétuel de l'académie des sciences, et l'évêque de Casal, Velloret, chancelier de l'université. Regnaud, Delambre, Arnault, de l'académie française, et un étudiant en droit, Le Dieu, célèbrent le génie qui vient de disparaître, vantent ses talents et promettent l'éternité à son nom.

> Mes amis, dites-moi combien d'heures encore
> Doit durer son éternité.

Ce poète qui, quelques vingt ans auparavant (1786), faisant un voyage à Metz, à Pont-à-Mousson, à Strasbourg, était reçu dans chaque ville par les gouverneurs, par les colonels à la tête de leurs régiments, par les maréchaux de Contades et de Stainville ; lui-même commandant les petites guerres, satisfaction qui a manqué à Victor Hugo, malgré son fameux képi de garde national, l'auteur ainsi glorifié, idole des lettrés, engouement de la foule, était, devinez ? était Jacques Delille, l'abbé Delille.

Je voudrais dire quelques mots de ce versificateur trop vanté, trop oublié.

Qu'on ne s'attende pas toutefois à une critique littéraire, à une appréciation de son œuvre ; tout cela a été dit et bien dit ; mais il y a quelques points peu connus de son existence, même après les encyclopédies biographiques, après le *Grand dictionnaire des personnages historiques, nés dans le Puy-de-Dôme*, par M. Ambroise Tardieu, l'historiographe de l'Auvergne, surtout comme abbé de Saint-Séverin.

Jacques Delille est né en Auvergne, à Riom, disent certains biographes, à Aigueperse, répètent la plupart des *Dictionnaires*, à Clermont-Ferrand, la patrie de Domat, de Pascal... et de Thomas. Un mystère entoure son berceau. Les registres de la paroisse de Notre-Dame-du-Port contiennent l'acte de baptême (22 juin 1738), de « Jacques, fils naturel d'Antoine Montanier, avocat au parlement, et de Marie-Hiéronyme Bérard, né le dit jour, à 6 heures du soir ». Le prénom de Jacques lui fut donné par son parrain Jacques Uscalde et par sa marraine Madeleine Monatte, tous deux domestiques du curé. Il était né à six heures du soir chez l'accoucheur Blancheton, rue de l'Ecu, d'après les renseignements qu'a bien voulu nous communiquer M. A. Vernière, ex-président de l'académie de Clermont; il fut immédiatement porté à cette église qui pourtant n'était pas celle de sa paroisse. Pourquoi ? et d'où vient une telle hâte ? L'acte dit que l'aveu de paternité est du 27 mai précédent, « laquelle déclaration est entre les mains de M. le curé ». Antoine Montanier était fils de François Montanier, conseiller de son altesse sérénissime Mgr le duc d'Orléans, et procureur général au bailliage et duché-pairie de Montpensier, et de Quintienne Bernard, demeurant à Aigueperse.

La mère, Marie-Hiéronyme Bérard de Chazelles, née le 29 novembre 1709, était fille de Gilbert Bérard, écuyer, seigneur de

Chazelles, et d'Eléonore Vachier. Son grand père, Gilbert Bérard, écuyer, conseiller du roi, contrôleur ordinaire des guerres, fit hommage au roi, en 1723, de la seigneurie de Tournebise en la paroisse de Saint-Pierre le Chastel. La famille fort honorable comptait, dit-on, parmi ses alliances, Pascal et le chancelier de l'Hospital. Mlle Bérard mourut en juin 1800.

Le père décéda, disent les uns, avant la naissance de son fils, entre le 27 mai, date de son aveu de paternité, et le 22 juin, date de la naissance ; cette prompte mort expliquerait cette singulière déclaration anticipée ; d'autres disent que ce ne fut que quelque temps après, laissant à l'enfant une très modique pension. Montanier voulait bien épouser ; les parents s'y opposèrent. Or, un Antoine Montanier, conseiller de son altesse sérénissime le duc d'Orléans et avocat général du duché de Montpensier, fils de François, aussi conseiller de son altesse, et procureur général au bailliage d'Aigueperse, et de Quintienne Bernard, épouse à Saint-Germain-Lembron, le 5 décembre 1743, Anne de La Faye, fille de Jacques de La Faye, écuyer, gendarme de la garde du roi, et de Françoise Mounnet. C'est évidemment le même que l'amant de Mlle Bérard et le père de Jacques.

Pourquoi Jacques *Delille* et non pas Jacques *Montanier* ? La chronique locale mentionnée par Bouillet [1], d'après des personnes ayant beaucoup connu l'abbé Delille, entre autres le comte de Montlosier, rapporte que Mlle Bérard habitait le château de Tournebise près Pontgibaud, et aimait beaucoup une promenade sur les bords de la Sioule, dans un pré qui porte encore le nom de « Pré de l'île » où de grands arbres touffus ombrageaient ses amours. Elle en donna le nom à son fils lorsque, retiré de nourrice, il fut placé par ses soins chez M. le curé de Chanonat.

Chanonat est un village à 12 kilomètres sud de Clermond-Ferrand. On y montre aux touristes la maison où est né Delille ; — on la montre aussi à Clermont et à Aigueperse, — et la petite chambre où il travaillait. C'est une ancienne commanderie où Delille a pu

---

[1] *Tablettes d'Auvergne* (1840, t. I p. 289).

pénétrer mais qu'il n'a jamais habitée. Le poète a de doux souvenirs
de son enfance :

> O riant Chanonat, ô fortuné séjour !...
> Voici l'arbre témoin de mes amusements.
> C'est ici que Zéphyr de sa jalouse haleine
> Effaçait mes palais dessinés sur l'arène ;
> C'est là que le caillou lancé dans le ruisseau
> Glissait, sautait, glissait et sautait de nouveau.
> Un rien m'intéressait. Mais avec quelle ivresse
> J'embrassais, je baignais de larmes de tendresse
> Le vieillard qui jadis guida mes pas tremblants,
> La femme dont son lait nourrit mes premiers ans,
> Et le sage pasteur qui forma mon enfance.

Tout y est, sauf la mère.

Chanonat, célébré par Delille, lui a été reconnaissant. Une modeste fontaine porte gravés ces cinq vers en son honneur qui prouvent
au moins la bonne volonté :

> A notre illustre nourrisson,
> A Delille, enfant d'Apollon,
> Nous consacrons cette fontaine,
> Ce sont les eaux de l'Hyppocrène
> Puisqu'elles coulent sous son nom.

En quittant le presbytère de la Limagne, l'écolier fut mis au
collège de Lisieux à Paris. Sa famille maternelle, — non son parrain, dit à tort Pongerville, ni son père, comme on l'a écrit —
payait sa modique pension.. Ses progrès y furent rapides. Nécessité
fait loi. Rien ne prouve que cette enfance sans mère eût été obscurcie
par quelque mélancolie. Espiègle et spirituel, il était bon enfant :
écureuil, « sapajou », selon le sobriquet de ses camarades ; on lui
pardonnait aisément ses succès hors ligne.

Dans sa seconde année de rhétorique, il remporte tous les premiers prix : trois ans après, il obtint encore le prix d'éloquence
latine proposé aux élèves de l'Université qui se destinaient au professorat. Le professorat est encore la carrière de beaucoup de jeunes

gens sans fortune ; mais alors, comme aujourd'hui, les couronnes scolaires, les diplômes académiques n'assuraient pas le pain quotidien. Ce lauréat des concours universitaires fut « tout heureux et tout aise » de rencontrer une place de maître de quartier au collège de Beauvais, où il trouvait les souvenirs de Rollin et de Boileau. Le soir, au coin du feu, il proposait à ses élèves la traduction de quelques vers des *Géorgiques*, dont il s'occupait déjà. On dit que la méthode ne s'est pas perdue et que notamment Victor Cousin doit sa traduction de Platon à ses philosophes de l'école normale.

Delille a raconté dans la préface de l'*Homme des champs* une visite que le débutant littéraire fit alors à un homme illustre par lui-même et par le nom qu'il portait. « Au premier mot de traduction des *Géorgiques*, Louis Racine se récria : c'était la plus téméraire des entreprises ; « Mon ami, M. Le Franc, dont j'honore le talent, l'a tentée ; et je lui ai prédit qu'il échouerait. » Cependant, le fils du grand Racine voulut bien me donner un rendez-vous. Je le trouve dans son cabinet au fond du jardin, seul avec un chien qu'il paraissait aimer extrêmement. Il me répète plusieurs fois combien mon entreprise lui paraissait audacieuse. Je lis avec timidité une trentaine de vers. Il m'arrête et me dit : « Non seulement je ne vous détourne plus de votre projet, mais je vous exhorte à le poursuivre. » La scène n'est-elle pas touchante ?

L'occasion était bonne. Delille envoya à Le Franc de Pompignan une ode que l'*Année littéraire* de Fréron (1758, t. V, p. 46) imprima avec quelques mots d'en-tête sur l'illustre poète, « émule de Racine dans sa tragédie de *Didon*, rival de Rousseau dans ses odes sacrées, l'égal de Virgile dans sa traduction des *Géorgiques*, le chantre sublime du ciel et de la terre » ; le journaliste ajoutait : « Ce jeune poète promet beaucoup. »

A cette époque, les écrivains parisiens ne dédaignaient pas les académies de province, « ces honnêtes filles qui ne faisaient jamais parler
d'elles », surtout depuis le succès de Rousseau à Dijon. Voltaire
était tout fier d'être membre de l'académie de La Rochelle. Delille
eut un prix au concours de l'académie de Marseille pour une épître
sur les voyages, lui qui devait faire l'éloge de La Condamine.

Victor Hugo rappelait avec joie ses couronnes des Jeux-Floraux :

Toulouse, la romaine,
Où j'ai cueilli la poésie en fleurs.

L'expulsion des jésuites fit des vides dans les chaires de professeurs ; cela donna des places. Delille fut appelé au collège d'Amiens
dans la patrie de Voiture, où Gresset vivait encore. Après Louis Racine, il visita Gresset. Il fut chargé de faire le discours de distri-
bution des prix ; l'éducation était à la mode depuis Rousseau ; il
traita de l'éducation.

Le jeune professeur, en vrai provincial, aspirait à retourner à
Paris ; il y fut rappelé comme professeur de troisième au collège
de La Marche. Sa réputation grandissante lui avait gagné des amis
et des protecteurs. Il était bien accueilli partout ; on se l'arrachait.

Il n'était point de bonne fête, si l'abbé Delille n'y lisait des vers;
la mode des monologues !

On récite déjà les vers qu'il fait encore.

Dans cette société aristocratique, qu'on représente comme
fermée, le talent forçait toutes les portes. Le mystère de sa naissance
n'était-il pas un attrait de plus ? Jean-Jacques Rousseau, jadis laquais
et déjà mari de Thérèse Levasseur, n'était-il pas l'ami des plus grandes
dames, même après Mme de Warens ? Chamfort, du même pays et,
croyait-on, de même naissance que Delille, [1] n'était-il pas recherché
pour son esprit ? Et l'enfant trouvé sur les marches de l'église de Saint-
Jean-le-Rond, ce fils de la femme d'un vitrier et d'abord de Mme de Ten-
cin, n'était-il pas D'Alembert ? Et Maury, le fils d'un cordonnier
de Valréas, et tant d'autres ? Le salon de Mme Geoffrin, une simple
bourgeoise, était des plus recherchés. Pour ce monde, avide de
plaisir, c'était une fête qu'une lecture de Delille. Il lisait bien, ce
« dupeur d'oreilles ». Puis le sujet traité ! La campagne, les étangs,
les jardins, les Géorgiques ; tout était à l'idylle :

Dans ces prés fleuris,
Qu'arrose la Seine...

Qui, à cette époque, n'aimait la nature, ne se pâmait d'aise à la
vue d'une colline, d'un buisson, d'une fleurette agreste ? L'horrible
Fabre d'Eglantine, ce cabotin féroce, fredonnait :

---

[1] C'était l'opinion générale parce qu'il s'appelait Nicolas et qu'il prit le nom de
Chamfort ; et il ne manque pas de biographies qui le répètent. Voici l'acte de
naissance extrait de la paroisse de Saint-Genès de Clermont, dont une copie ancienne est dans les papiers Chamfort aux archives nationales, qui nous a été
communiqué par M. A. Vernière : « 6 avril 1740. Baptême de Sébastien-Roch
Nicolas, fils légitime de François Nicolas, marchand épicier, et de Thérèse Croizet,
son épouse. Son parrain, Sébastien-Roch Terveyre, serrurier, et sa marraine Catherine Chanoine, femme à Bonnet Gauthier ». Et voilà comment, ayant eu pour
marraine Catherine Chanoine, on l'a fait fils d'un chanoine.

Il pleut, il pleut, bergère ;
Ramène tes moutons...

Jean-Jacques et Bernardin de Saint-Pierre avaient mis à la mode le culte de la campagne, seule religion de ces âmes sensibles.

Toutes les chroniques nous vantent les succès mondains de Jacques Delille et son charme de séduction.

Bernardin de Saint-Pierre, dans une lettre à sa femme (*Correspondance*), raconte que l'abbé Delille est venu s'asseoir près de lui à l'institut. « Je l'ai trouvé si aimable et si amoureux de la campagne ; il m'a fait des compliments qui m'ont fait tant de plaisir que je lui ai offert de venir à Gragny. »

Mme Le Couteulx du Moley, chez qui il passait une partie de sa vie, à la Malmaison, a tracé de lui un portrait des plus piquants, que nous a conservé Grimm dans sa *Correspondance* (mai 1782, t. XI, page 109) : « Rien ne se peut comparer aux grâces de son esprit, ni à son feu, ni à sa gaieté, ni à ses saillies, ni à ses contrastes... Sa figure... une petite fille disait qu'elle était toute en zigzag... elle est vraiment laide, mais bien plus curieuse, je dirai même intéressante. Il a une grande bouche ; mais il dit de si beaux vers. Ses yeux sont un peu gris, un peu enfoncés ; mais il en fait ce qu'il veut, et la mobilité de ses traits donne si rapidement à sa physionomie un air de sentiment, de noblesse et de folie, qu'elle ne lui laisse pas le temps de paraître laide. »

C'est un peu l'impression qu'il avait produite sur Chateaubriand : « Qui n'a entendu l'abbé Delille lire ses vers ? écrit-il dans ses *Mémoires d'outre-tombe*. Il racontait très bien ; sa figure laide, chiffonnée, animée par son imagination, allait à merveille à la nature coquette de son débit, au caractère de son talent et à sa profession d'abbé. Le chef-d'œuvre de l'abbé Delille est sa traduction des *Géorgiques*, aux morceaux de sentiment près ; mais c'est comme si vous lisiez Racine traduit dans la langue de Louis XV. La littérature du xviiie siècle, à part quelques beaux génies qui le dominent, sans manquer de naturel, manque de nature. L'abbé Delille était le poète des châteaux modernes, de même que le troubadour était le poète des vieux châteaux. »

Delille était accueilli dans la meilleure société ; le marquis de Vaudreuil, le duc de Narbonne l'avaient pour familier ; il donnait la réplique aux Boufflers et au prince de Ligne. Chez Mme Vigée-Lebrun il trouvait encore le chevalier Boufflers ou le poète Lebrun et le vicomte de Ségur qui voisinaient sans troubler de leurs épigrammes l'intimité du lieu. Il devait être de ce fameux souper grec improvisé dont M. André Girodie nous a fait le récit[1] :

L'anguille et la poularde que la cuisinière réservait aux invités, furent préparées à l'aide d'une sauce archaïque ; on leur ajouta un gâteau de miel et des raisins de Corinthe. Cela fait, en un clin d'œil, l'atelier de l'artiste prit l'aspect nécessité par l'innovation culinaire. Des draperies, des vases étrusques fournis par un voisin, un paravent bien placé, et le tour fut joué. Arrivent trois invités, rapidement Vigée-Lebrun les coiffe et les drape à l'athénienne : le poète Lebrun, dit Pindare, reçoit bientôt l'attribution d'une étoffe pourpre et, couronné de lauriers, voit ses mains chargées d'une lyre de bois doré. La fille de l'artiste et l'une de ses amies sont costumées en canéphores, munies d'une corbeille, couronnées de fleurs. Quand le reste des invités arrive, notre groupe, figé en de plastiques attitudes, les accueille au chant du chœur de Glück : *Le dieu de Paphos et de Cnide.* On juge de leur étonnement. Hélas ! l'époque était aux exagérations : ce souper, qui avait coûté près de 15 fr. fit grand bruit. On cria à la prodigalité. Louis XVI parla avec humeur à l'un des invités des 20.000 fr. dépensés par Vigée-Lebrun en ce « souper grec ». On dissuada le roi ; mais la légende n'en continua pas moins son chemin. A Rome, les 15 fr. furent portés à 40.000 ; à Vienne, on alla jusqu'à 60.000 ; à Saint-Pétersbourg, le chiffre flotta incertain entre 80.000 et 100.000. N'est-ce point là le type des erreurs qui déterminèrent la révolution française ?

Nul n'avait plus d'esprit que Jacques Delille, même son compatriote et rival Nicolas-Chamfort ou son adversaire Rivarol ; mais il était autant aimé que ceux-ci étaient redoutés : car il était bon homme. Il devait lire des vers à l'académie pour la réception

---

[1] *Les Contemporains*, n° 436, 6 octobre 1901, p. 11 et 12.

d'un de ses amis. « Je voudrais bien qu'on ne le sût pas d'avance ; mais j'ai peur de le dire à tout le monde. » Chez Mlle de Lespinasse, il se rencontrait avec D'Alembert, Thomas, Turgot, Sicard, Marmontel et Buffon. Mme Geoffrin lui ouvrit son salon, où c'était pour tout artiste, tout lettré, tout savant, tout prince, tout étranger de marque, un honneur d'avoir été reçu ; elle offrit même très discrètement à son indigence un secours que du reste il n'accepta pas :

> Aux offres de la bienfaisance,
> Ma fière pauvreté ne consentit jamais ;
> Mais en refusant le bienfait,
> J'ai gardé la reconnaissance.

Plus tard il fut de la petite cour de Marie-Antoinette.

Les *Géorgiques*, si impatiemment désirées, parurent en 1769. Ce fut un succès prodigieux. Voltaire, toujours à l'affût des jeunes talents, pour les encourager et les enrégimenter, ne manqua pas de louer « Virgilius Delille ». « Le poème des *Saisons* et la traduction des *Géorgiques* paraissent, écrivait-il, les deux meilleurs poèmes qui aient honoré la France après l'*Art poétique*. On ne pouvait faire plus d'honneur à Virgile et à la Nature » ; et il propose à l'académie de réserver à l'auteur une place vacante. Le grand Frédéric proclame cette traduction une œuvre originale.

Dans ce concert d'éloges qui accueillent l'œuvre nouvelle, quelques coups de sifflet. C'est la loi. Clément, de Dijon, l'attaque ; mais il attaqua aussi Saint-Lambert, lequel eut le tort de demander et le malheur d'obtenir la prison du For-l'Evêque contre le critique irrévérencieux, presque sacrilège. Chateaubriand a appelé les *Géorgiques* un Raphaël copié par Mignard.

La voix de Voltaire fut entendue. Il menait la campagne avec D'Alembert, La Harpe, Marmontel contre le parti de la cour et de l'église ; les anciens et les modernes étaient remplacés par les encyclopédistes et les dévots, parfois même par les jansénistes et les molinistes. L'académie, « où l'on recevait depuis longtemps des ducs, des prélats, des financiers et quelquefois des gens de lettres », était déjà un champ de bataille. La lutte se traduisait en diatribes calomnieuses où la plus légère épigramme était souvent une flèche barbelée qui faisait saigner la chair. Chaque parti cherchait des adhérents. D'Alembert, dès le mois de décembre 1770, écrivait à Voltaire : « Je ne vois qu'un moyen de nous sauver d'un mauvais choix, c'est de prendre l'abbé Delille, le traducteur des *Géorgiques*, et Sicard, le plus paresseux des gens de lettres. » Il s'agissait de remplacer Jérôme Bignon et Duclos. Delille fut élu à la presque unanimité. Sicard n'eut que 14 voix sur 27 ; mais le roi, sous l'influence du duc de Richelieu, ne confirma pas ces choix, sous prétexte que ces deux élections avaient été faites le même jour, contrairement aux statuts ; les candidats n'étaient pas agréables : l'un avait des fonctions incompatibles avec la nouvelle place et le second avait été renvoyé de la *Gazette*. On chercha et on élut, le 23 mai 1772, Bréquigny et Bauzée. L'académie n'était plus qu'une coterie soumise à d'Alembert et dont Mlle de Lespinasse était l'Egérie. Mais faire de Delille un sectaire « était, a dit l'académicien Roger, classer le rossignol parmi les oiseaux de proie ». Louis XVI capitula... déjà. Par l'entremise du duc de Nivernais, il fit dire qu'il ne s'opposerait pas à l'élection de Delille et de Sicard. On raconte que le roi, sollicité pour Delille, à qui on opposait son jeune âge — il avait 32 ans — répondit : « Il a si bien traduit Virgile qu'il me fait l'effet d'être de l'ancienne Rome ; il a 2 000 ans, à mon avis. » Il fut élu en avril 1774 et Sicard, l'année suivante. Delille fut reçu le 11 juillet, par l'abbé de Radonvilliers, sous-précepteur des enfants de France ; il succédait à La Condamine, le savant voyageur. Son discours, éloge du défunt, eut un succès considérable.

A son tour, il reçut à l'académie (25 janvier 1781) le comte de Tressan et, le 19 juillet suivant, Lemierre qui avait fait le fameux vers :

> Le trident de Neptune est le sceptre du monde.

« Le vers du siècle », disait modestement l'auteur. — « Oui, vers solitaire », s'empressait d'ajouter Rivarol.

Un honneur n'arrive jamais seul. La Harpe — on lui doit cette

justice et cet hommage — fit remarquer que vraiment il était indé-
cent de voir un membre de l'académie française dicter des thèmes
à des enfants. Lebeau, professeur d'éloquence latine au collège de
France, l'appela comme professeur suppléant de poésie latine, qui
était comprise dans cette chaire. La foule afflua à ses leçons, attirée
et par le talent et — cela s'est vu — par la mine du professeur.

Treize ans après les *Géorgiques*, parut (1780) le poème des *Jardins*
en huit chants. Des auteurs locaux ont voulu en attribuer l'inspiration aux sites charmants du Tabarit. Je le voudrais ; malheureuse-
ment les dates s'opposent à la légende. C'est le succès des *Jardins*
qui lui valut les faveurs du comte d'Artois et sa nomination à
l'abbaye de Saint-Séverin (1782), voisine du Tabarit ; et il y avait
des années que le poète en lisait des fragments dans son cours au
collège de France, à l'académie, dans les salons, manière du *reste*
habile de se préparer des lecteurs.

L'œuvre fut accueillie avec enthousiasme et augmenta encore la
réputation de l'auteur. On a prétendu — méchanceté des contemporains — que le poème des *Jardins* avait été enfanté en grande
partie pour une femme très aimable, Mme Lecoulteux du Moley.
Retenu par elle à la Malmaison, il composait souvent pour elle des
madrigaux, des impromptus, des morceaux sur les travaux, sur les
sites qu'il voyait et qu'il traçait sur les patrons de broderie de la
belle, ou du papier servant d'enveloppe de sa tapisserie. Elle lui
donna l'idée de lier ces diverses parties dans un plan général et d'en
former un tout, dont est résulté le poème des *Jardins*[1].

L'anecdocte, si elle n'est pas vraie, est bien jolie. Je sais que Delille ne perdait rien et savait merveilleusement l'art d'accommoder
les restes. Victor Hugo par exemple, après un de ces succès qui
ruinaient ses éditeurs, tirait de ses tiroirs un autre volume. Même
Lamartine, dans la détresse de sa besogneuse vieillesse, pour remplir
des pages, imprimait ses devoirs d'écolier. Quand Delille avait fait
une description — et comme l'abbé Trublet, il décrivait, décrivait,
décrivait, — il se demandait : « Eh bien ! où mettrons-nous cela

---

[1] *Mémoires secrets*, p. 256, 25 décembre 1780.

maintenant ». Il l'y mettait, mais constituait ainsi une œuvre de marquetterie.

Le succès des *Jardins* réveilla l'envie. Si le poème fut loué sans mesure, il fut critiqué avec passion, sans justice, œuvre agréable, facile, où les jolis morceaux ne manquaient pas, mais où les descriptions remplaçaient le sentiment, l'inspiration, et l'habileté, le génie. « Il fait un sort à chaque vers et néglige la fortune du poème », remarquait Rivarol, qui disait encore :

> Son style citadin peint en beau les campagnes ;
> Sur un papier chinois, il a vu les montagnes,
> La mer à l'opéra, les forêts à Longchamps.

Chénier ajoutait :

> A travers sa lorgnette
> Et par les vitres du château.

« Il n'y a guère plus de deux mois que le poème des *Jardins* a paru, disait la correspondance de Grimm (août 1782), et l'on en a déjà fait une demi-douzaine de critiques dont quelques unes ne manquaient assurément ni d'esprit ni de malignité. La seule défense que M. l'abbé Delille ait opposée à toutes ces attaques, c'est la meilleure sans doute, quoiqu'elle ne soit pas à l'usage de tout le monde, a été de laisser multiplier en silence les éditions de son ouvrage ; on est actuellement à la septième, et ces éditions se sont succédé encore plus rapidement que les libelles où on le déchirait avec un zèle si louable et si littéraire. [1]»

Grimm ajoutait :

« De toutes les critiques du poème des *Jardins*, la plus injuste peut-être, mais aussi la plus piquante, est une *Lettre de M. le prince de*** à M. le comte de***; elle est d'un jeune homme qui s'est fait

---

[1] *Correspondance littéraire* de Grimm et Diderot, t. XI, p. 193.

appeler longtemps M. de Parcieu et qui, n'ayant pu prouver le droit qu'il avait de porter ce nom, s'en est vengé fort noblement en prenant celui de chevalier de Rivarol, lequel, dit-on, ne lui appartenait pas mieux, mais dont il faut espérer qu'il voudra bien se contenter tant qu'on ne l'obligera pas à en chercher un autre. »

Parmi les protecteurs de Delille était un prince français, qui avait le goût des gens de lettres. C'était depuis François Ier une tradition de protéger les poètes ; Marot, Desportes, Ronsard et autres, et pour les faire vivre de leur octroyer les revenus d'un bénéfice. Le comte d'Artois nomma Delille à l'abbaye de Saint-Séverin, dont il était collateur [1].

L'abbaye de Saint-Séverin, ordre de Saint-Augustin, au diocèse de Poitiers, aujourd'hui commune du département de la Charente-Inférieure, canton d'Aunay, à 19 kilomètres de Saint-Jean-d'Angély, n'est plus qu'une annexe de la paroisse de Dampierre-sur-Boutonne. Fondée en 1068 par Guy-Geoffroy (Guillaume VII), duc de Guyenne et comte de Poitiers, qui l'avait mise sous le patronage de saint Séverin, évêque de Bordeaux (ve siècle), en souvenir de l'église de Saint-Seurin, où il avait été couronné duc d'Aquitaine, l'abbaye n'avait jamais été bien florissante. Dévastée en 1268 par des hordes de pillards, elle fut complètement ruinée en 1568 par les huguenots, et ses biens usurpés ; en 1591, les revenus, qui s'élevaient jadis à 30 000 livres, ne montaient plus qu'à 13 ou 15 000. Quand l'évêque

[1] « Le comte d'Artois devenu l'un [des protecteurs les plus affectueux du poète, dit Sainte-Beuve, le fit d'abord nommer chanoine de Moissac dans le Quercy ; puis il lui donna l'abbaye de Saint-Séverin, dépendant de la généralité d'Artois ».

de Nîmes (1687-1710), Esprit Fléchier, y fut nommé en 1685, les ressources avaient encore diminué, et son successeur, Armand de Cotte — mort en 1758 — chanoine de Paris, fils du premier architecte du roi, « mangea » tellement les religieux qu'il n'en resta presque plus ; la rente ne montait plus qu'à six mille livres. Le bénédictin Jacques Boyer, qui en 1714 parcourait le pays pour y chercher des chartes et y copier des pièces, n'y trouva qu'un chanoine régulier, Thévenin — 1710-1731 — prieur curé, « un petit crasseux, dit-il, qui nous fit humer le vent devant sa porte, qu'il ouvrit enfin avec peine ; et nous ne jugeâmes pas à propos d'aller dîner à Dampierre où ce misanthrope avait pris la liberté de nous envoyer ». Dans le même temps, ce voyageur, à l'abbaye de Fontdouce, ne vit qu'un moine « en chemise et en culotte, qui n'eut ni lit, ni vin, ni mémoires à nous donner ». Telle était la détresse générale des monastères après le passage des protestants. A de Cotte, mort en 1758, avait succédé Guillaume-Alexandre, comte de la Noue de Vair, ancien vicaire général de Meaux, qui décéda le 22 février 1781.

Delille, au lieu d'une abbaye, trouva des amas de décombres qui occupaient l'emplacement des bâtiments claustraux. Il s'y logea comme il put, dans une chambre au premier étage où l'on accédait par un escalier extérieur en pierre. Elle s'est appelée longtemps la chambre de l'abbé Delille. Il y naquit en 1826 un enfant, Naffrechou, à qui les parents donnèrent le prénom de Delille. La maison a disparu en 1884 pour de nouvelles constructions.

Ses revenus, selon l'estimation faite le 14 décembre 1790, par les experts du directoire du district de Saint-Maixent, se composaient du produit de deux fermes, l'une de 2 600 livres, et l'autre de 3 200 livres en argent. Les baux, signés le 13 septembre 1781 en l'étude de maître Fromy-Beaupré, notaire à Aunay, portaient en outre une redevance en nature de 40 perdrix rouges rendues à Paris, estimées à 40 livres.

> Il n'avait pas une joyeuse vie,
> Ce pauvre abbé, dans sa pauvre abbaye.

Heureusement, il n'y séjournait guère ; les perdrix, qu'il se faisait adresser à Paris, le prouveraient. Du reste, il n'était pas tenu à la résidence. Son abbaye n'était qu'un bénéfice simple, sans charge d'âmes. Il pouvait donc occuper à la fois sa chaire au collège de France, un fauteuil à l'académie et une stalle abbatiale chez des moines qui n'existaient pas. Les suppléants ne sont-ils pas créés pour remplacer les titulaires et leur permettre de toucher les émoluments de leur charge ? Un homme d'affaires gérait la propriété. L'abbé-poète pouvait donc s'absenter, même entreprendre un long voyage sans qu'il y parût.

Delille était lié avec le comte de Choiseul-Gouffier. Une lettre demandant des détails sur sa mère, sur l'état de ses affaires, indique son adresse « chez M. le comte de Choiseul, ambassadeur de France en son hôtel, rue de Choiseul, à Paris. »

Choiseul avait fait un premier voyage en Grèce (1776) ; il en avait rapporté les éléments d'un ouvrage qu'il publia plus tard en 1782 sous ce titre : *Voyage pittoresque en Grèce*, et qui lui avait valu un siège à l'académie (1783) où il fut reçu le 26 février 1784, à la place de d'Alembert. Il allait partir comme ambassadeur à Constantinople.

« Plein de l'étude des anciens, a raconté Campenon dans son discours de réception à l'académie, Delille voulut voir, voulut connaître par lui-même ce beau climat, ce beau ciel dont les inspirations semblent avoir fécondé le génie d'Homère. Un ami du poète, un généreux ami des Muses, va remplir l'importante ambassade de Constantinople et visiter encore une fois la Grèce dont il a déjà parcouru et noblement décrit les ruines. A peine a-t-il montré l'honorable désir d'avoir pour compagnon de voyage le chantre des *Jardins*, M. Delille brûle de voir Athènes, de respirer cet air natal de la poésie antique, de saluer ces beaux rivages qu'il ne connaît encore que par les récits de l'*Iliade* ou de l'*Odyssée*. Il quitte pour la première fois la paisible demeure du collège de France. »

Et dans ce même style — académique — Louis Laya succédant, le 30 novembre 1817, au comte de Choiseul, représente « Delille, autre Amphion, marchant à ses côtés ». « Aux premiers accents de sa lyre, cette Grèce ensevelie sous des ruines va se relever ; ce grand corps sans vie va se ranimer. Les monts, les rochers, les antres verts vont revoir leurs demi-dieux. Les palais, les gymnases vont sortir de leurs décombres ; le précieux marbre de Paros, qui pave aujourd'hui la demeure d'un pacha stupide, va être rendu aux parvis des temples que les prêtres de Minerve, de Diane, de Bacchus, d'Apollon foulèrent encore de leurs brodequins dorés... Lorsque son pied commença à toucher cette poussière poétique formée des cendres des Eschyle, des Sophocle, des Euripide, des Pindare, il sentit couler ses larmes. « Je pleurais », dit-il. »

La *correspondance secrète* de Mettra [1], donne de ce voyage en Turquie un motif plus prosaïque que le désir de voir les lieux chantés et habités par les poètes, une aventure amoureuse qui fit quelque bruit et où il joua un rôle ridicule. Bafoué, honni, chansonné, il fut enchanté de trouver l'occasion de s'éloigner pendant quelque temps. Et puis voyager avec un ami, avec l'ambassadeur de France à Constantinople, voir des pays charmants embellis par l'imagination des poètes, qu'on connaissait, qu'on admirait depuis l'enfance ; il n'en fallait pas plus pour décider Delille. Pendant son voyage, il écrit à ses amis des lettres qui sont aussitôt colportées, copiées, imprimées. De Constantinople il envoyait une lettre à Mme Devaine. C'était la femme d'un employé des finances, ami de Turgot et de Choiseul, qui fut plus tard conseiller d'état et académicien. « Notre voyage a été très heureux ; le vent nous a portés en cinq jours à Malte par la plus belle mer et sous le plus beau ciel du monde. » Puis il parle de la Grèce avec enthousiasme et dit ses impressions avec esprit. « La première île qu'on rencontre est Cérigo, si connue sous le nom de Cythère. Il faut convenir qu'elle répond mal à sa réputation... Cette île, si délicieuse dans la fable, n'est qu'un rocher aride. En vérité, on a très bien fait d'y placer le temple de l'amour.

---

[1] T. XVII, p. 238, 3 janvier 1785 ; voir Grimm, t. XI, p. 110.

Pour se plaire là, il fallait bien un peu d'amour. » Hélas! sa vue affaiblie ne lui permettait pas de jouir des plus ravissants spectacles qui puissent flatter l'imagination et les yeux. « Chacun m'affligeait inhumainement d'un plaisir que je ne pouvais partager. » A Athènes, « je pleurais de joie; je voyais enfin tout ce que je n'avais fait que lire. Je reconnaissais tout ce que j'avais connu dès l'enfance ». Il ajoute : « En lisant tous les prodiges qu'on nous raconte des anciens, il reste un fond même d'incrédulité, au moins de défiance, qui nuit au plaisir et inquiète l'admiration ; leur grandeur même leur fait tort et l'on craint qu'il n'y ait un peu de leur fable dans leur histoire. » Ainsi pour l'Egypte ; mais les pyramides sont là qui font foi de tout le reste. « C'est ce que nous éprouvons dans Athènes, moins gigantesque dans ses monuments, mais plus véritablement grande que l'Egypte ; la ville n'existe plus que dans quelques débris ; mais à peine les eus-je aperçus, qu'une idée de grandeur se répandit sur tout ce que je n'avais pas vu et surtout ce que l'on ne pouvait plus voir. Les trois seules colonnes du temple de Jupiter m'ont tout rendu vraisemblable, tant ces restes sont frappants. » Que de remarques judicieuses ! Quel noble enthousiasme ! et quelle indignation contre les destructions stupides ! Ce classique devance les romantiques quand il s'agit des monuments anciens dédaignés de l'ignorance et de l'incurie. Jamais les Victor Hugo, les Vitet, les Montalembert n'ont plus énergiquement stigmatisé le vandalisme. « La barbare ignorance des Turcs détruit quelquefois en un jour ce qu'avaient épargné des siècles. Nous foulons aux pieds des bas reliefs sculptés par les Phidias et les Praxitèle ; je montais à côté ou j'enjambais pour n'être pas complice de ces profanations. Un magasin à poudre est établi à côté du temple (de Minerve) ; dans les dernières guerres des Vénitiens, une bombe a fait éclater le magasin et tomber plusieurs colonnes jusqu'alors parfaitement conservées. Ce qui m'a désespéré, c'est qu'on a donné l'ordre de tirer le canon pour M. l'ambassadeur. J'ai craint que cette commotion n'achevât d'ébranler le temple et M. de Choiseul tremblait des honneurs qu'on lui rendait. Ces colonnes font pitié dans leur magnificence, je demandai qui les avait ainsi mutilées : on me dit que de ces débris on faisait de la chaux. J'en pleurai de rage. »

Delille en revanche, comme tout le xviie siècle, avec Fénelon, avec La Bruyère, avec Boileau, n'a rien compris au Moyen Age et il le juge en contemporain de Voltaire, en ami des encyclopédistes : « C'était très curieux à voir cette ville (Malte), son superbe port, ses grandes murailles blanches qui en huit jours auraient achevé de m'aveugler... J'étais plus curieux encore de connaître ses mœurs et sa constitution bizarre où, grâce aux commanderies que distribue le grand maître, l'esprit militaire se perd dans l'esprit d'intrigue, où la politesse de la chevalerie moderne conserve en partie la barbarie monacale. » Ici une appréciation très rigoureuse et si fausse qu'elle excite les protestations indignées. Le bailli de Freslon, colonel du régiment de Naples, dans une lettre du 27 mai 1785, entreprit de venger l'Ordre dont le voyageur avait parlé si légèrement. Delille n'était pas brave, nous l'avons vu. Dans une réponse datée du lazaret de Marseille, le 20 septembre, il désavouait — et peut-être disait-il vrai — les calomnies qu'on lui prêtait. « Il est bien étrange qu'on veuille me rendre responsable de ce qu'on a pu insérer dans une lettre sans signature et sans aveu et falsifiée autant de fois qu'elle a été copiée. La boule de neige poussée par des polissons, de même qu'elle roule, se grossit et se salit ; voilà sans doute le sort de cette lettre dont il a couru dans le monde tant de copies plus ou moins fidèles. Celle où on dit que votre Ordre est la seule école d'héroïsme qui existe dans le monde, où l'on voit l'esprit de politesse, de loyauté, d'hospitalité qui distingue des chevaliers, ces copies-là je les avoue avec plaisir ; celles où l'on se permet des observations ou trop libres ou même injurieuses, je les désavoue absolument. »

Tout mauvais cas est niable. Et l'éditeur Grimm, qui a publié la lettre à Mme Devaine, déclare, p. 436, que la lettre « a été faite sur l'original et n'en est pas moins reniable ». Il nous paraît difficile que ce lettré, si timoré, si délicat, se soit servi des termes grossiers du texte imprimé ; d'ailleurs, beaucoup des passages de la lettre de rétractation ne se trouvent pas dans la première lettre. Il y a donc eu falsification.

En quittant Athènes, le canot qui portait l'ambassadeur fut poursuivi par deux pirates qui faillirent l'atteindre ; l'anxiété était grande ; seul, le poète conservait son sang-froid ; il continua à plaisanter et à divertir ses compagnons : « Ces coquins-là ne se doutent pas de l'épigramme que je ferai contre eux. » A Constantinople, il passa un an faisant sa résidence à Térapia, un site enchanté, sur les rives du Bosphore. L'esprit ému de ce magnifique spectacle qui se déroulait sous ses yeux, il écrivit à Paris des lettres enthousiastes. « Chaque jour je déjeune en Asie et dîne en Europe. » C'est là qu'il composa les huit chants de son poème l'*Imagination*, qui parut en 1806. Il était allé, suivant l'expression un peu recherchée de l'académicien Arnaut, « sur les ruines de la Grèce et d'Athènes élever un monument à l'une de leurs divinités, l'imagination. »

Ce temps-là fut la plus heureuse époque de sa vie. Bienvenu de tous, honoré des puissants, illustre par ses écrits, il jouissait d'une très honnête aisance. Comme toute la société d'alors, il savourait le présent sans prévoir — qui l'aurait prévu ? — la catastrophe dont les sourds grondements se faisaient entendre déjà.

*
* *

A son retour de Constantinople, il rencontra, en passant à
Stuttgard, une fille douée d'une fort belle voix ; il la prend, l'emmène
à Paris en qualité de nièce. Elle était sans éducation et sans beauté.
« Quand on choisit ses nièces, dit un jour, à Delille, Rivarol qui
avait à s'en plaindre, ou mieux, dit-on, l'abbé de Tressan qui avait
été mal reçu d'elle, quand on choisit ses nièces, on devrait mieux
les choisir. » « Nous vîmes cette nièce en Auvergne, rapporte le
comte de Montlosier, tout étonné de cette nouvelle parenté, sur la
nature de laquelle personne de nous ne pouvait se méprendre. »
Plus tard, de sa nièce il fit sa femme.

Il y a sur elle des jugements contradictoires. C'était l'Antigone
du poète devenu aveugle, et l'on a célébré sur tous les tons son dévouement, sa noblesse de sentiments.

Une « personne fort honorable, qui avait beaucoup connu
Mme Delille », après avoir lu l'article de la *Revue des deux mondes* du
1er août 1837, où Sainte-Beuve jugeait le poète et parlait de sa
femme, écrivait pour protester contre son arrêt bien rigoureux :
« Je n'aurais rien dit de quelques allégations contre sa veuve.
C'est chose convenue d'en faire une seconde Thérèse Levasseur. Je
l'ai bien connue, et jusqu'à sa mort et dans sa vie entière déjà longue,
je n'ai jamais rencontré son égale, âme et cœur.

« Ses dernières années se sont éteintes dans les plus amères épreuves sans qu'un seul jour elle ait démenti la noblesse du nom confié à son honneur. Mais, je l'avoue, elle avait les inconvénients de ses qualités, une franchise indomptable surtout qui lui a valu la plupart de ses ennemis ; l'ingratitude a fait les autres. » Sainte-Beuve ajoute qu'il a eu par sa correspondante communication d'un manuscrit dont il a tenu compte pour la réimpression de son article. Il renferme plus d'une particularité naïve et piquante qui s'en pourrait extraire, notamment d'abondants détails sur l'enfance de Delille, sur sa mère qui se nommait Marie-Hiéronyme Bérard de Chazelles... Dans une autre édition complète de Delille, on aurait à profiter de ce manuscrit qui nous apprend aussi quelque chose sur sa veuve. « [Sans y rien trouver qui réfute directement des traits semés, dans cet article, nous avons pu y voir les marques d'une nature franche, dévouée, sincère et il nous a paru très concevable en effet que ceux qui ont connu Mme Delille l'aient jugée autrement que le monde, les indifférents ou les simples amis littéraires du poète. [1] »

Delille amoureux a plus d'une fois parlé de sa maîtresse et de sa femme ; dans l'*Imagination* (Paris, Gicquel, 1806, livre 1er) il vante une célèbre marchande de modes et adresse un petit madrigal à Mlle Marie-Jeanne Vaudchamp :

> Aussi dans un amas de tissus précieux,
> Quand Bertin fait briller son goût industrieux,
> L'étoffe obéissante en cent formes se joue,
> Se développe en schall; en ceinture se noue ;
> Donne un voile à l'amour, une écharpe à la gloire,
> Ou, plus ambitieux en son brillant essor,
> Sur l'aimable Vaudchamp va s'embellir encor.

Ailleurs il lui dit (1803).

---

[1] SAINTE-BEUVE. — *Portraits littéraires*, t. II, page 104. Nous avons cherché en vain le manuscrit dont parle le critique. Qu'est-il devenu ? quelque autre sera plus heureux. On jugera alors définitivement ce point d'histoire littéraire et biographique. L'auteur ajoute : « On peut voir, dans les *Notes et sonnets* qui font suite aux *Pensées d'Août*, un sonnet adressé à M. Molé en remerciement d'un bienfait, d'un secours qu'il accorda, sur notre information, à la sœur de Mme Delille, qui vivait encore à cette date, dans un état de gêne, voisin de la misère. »

> O toi l'inspiratrice et l'objet de mes chants,
> Qui joins à mes accords des accords si touchants,
> Hélas ! lorsque mes yeux appesantis par l'âge
> S'ouvrent à peine au jour, plus d'un charmant ouvrage
> Etait perdu pour moi ; mais à ma cécité
> Ta secourable voix en transmet la beauté... [1]

L'éditeur a ajouté une note : « Mlle Vaudchamp, douée d'une voix charmante et très bonne musicienne, a réussi à chasser les chagrins de M. Delille par ses accents ; elle s'est associée à toutes ses peines et quelquefois même à ses travaux ; ses soins assidus ont été d'un très grand secours à M. Delille pour la composition et la publication de ses ouvrages. Le poète l'a appelée quelquefois son Antigone et elle mérite ce titre touchant par sa conduite envers son père et sa propre famille. M. Delille, qui n'a jamais été dans les ordres, comme on a voulu le faire croire, a acquitté envers Mlle Vaudchamp la dette de la reconnaissance ; il lui a donné son nom. » C'est à Londres qu'il se maria. Encore qu'il n'eût reçu que les ordres mineurs, juste ce qu'il fallait pour jouir d'un bénéfice ecclésiastique et prendre le titre d'abbé avec le petit collet, Delille demanda et obtint facilement une dispense.

Les médisants ont eu beau jeu et les anecdotiers se sont plu à parler de ce singulier ménage. Mme Delille, malgré son nom, était restée Mlle Vaudchamp. Bonne femme au fond, dévouée à son mari, elle n'avait pu acquérir les manières du monde et l'usage des salons que ne lui avait pas appris son éducation première. Dans une position fort aisée, elle avait gardé un peu de la parcimonie où avait vécu sa jeunesse. Son économie passait pour de l'avarice. Giguet et Michaud, libraires à Paris, avaient un traité avec le poète pour tous ses ouvrages ; ils payaient six francs par vers, bons ou mauvais ; ils donnaient en plus trente sous à la demoiselle. C'était elle qui réglait la dépense de la maison ; elle avait intérêt à ce que le revenu ne diminuât pas. Aussi imposait-elle au poète un certain nombre d'hémistiches par jour, 30 vers avant de

---

[1] *La Pitié*, chant 1er, p. 45.

se lever et plus si possible. Parfois elle le mettait sous clef jusqu'à
ce qu'il eût fini sa tâche : « Allons, monsieur Delille, il faut battre
monnaie. — Oui, ma chère, répliquait le mari débonnaire ; mais
quand on frappe trop souvent cette monnaie, elle passe pour
fausse. »

Il y avait un soir une lecture de Chateaubriand ; on s'aperçoit que
Delille n'est pas là. Après quelque temps d'attente, Malouet et Lally-
Tollendal vont le chercher ; il demeurait dans le voisinage. Ils le trouvent au lit. « Au lit ! mon ami, êtes-vous malade ? — Non pas » ;
et il jetait des regards significatifs sur la nièce adoptive. Celle-ci
avait l'habitude de ne lui rendre sa culotte que la tâche accomplie.
Delille, en véritable enfant, quoique travailleur, avait des moments
de paresse ; il était en retard. Malouet pourtant obtint sa grâce ; elle
apporta le petit vêtement, il put se lever. Montlosier, qui raconte le
fait, ne dit pas si le lendemain il dut comme pensum faire 60 vers.

Tant que sa femme avait été sa nièce, elle le ménagea ; mariés, elle
le mena durement. Une fois elle lui lança à la tête un gros volume
in-quarto. Delille le ramassa et, très doucement : « Madame, dit-il,
ne pourriez-vous vous contenter d'un in-octavo ? » Chateaubriand,
qui avait fréquenté le ménage en Angleterre, dit dans ses *Mémoires*[1] : —
« Delille besognait beaucoup, il le fallait bien ; car Mme Delille l'enfermait et ne lâchait que quand il avait gagné sa journée par un certain nombre de vers. Un jour j'étais allé chez lui, il se fit attendre ;
puis il parut, les joues fort rouges. On prétend que Mme Delille
le souffletait ; — je n'en sais rien, je dis seulement ce que j'ai vu ».
Mais Berryer, qui avait vu beaucoup le poète dans son intérieur, la
défendait contre les méchancetés de la chronique : femme vulgaire,
d'une franchise brusque, mais cœur excellent, très dévoué à son
mari. M. Charles de Lacombe, racontant les *Premières années de Berryer* (1790-1816)[2] rapporte ce joli trait sur l'intimité de Delille et de
Michaud qui étaient inséparables et se querellaient fort souvent :
« Un jour, la discussion porta sur Virgile. Michaud affirmait que,

---

[1] *Mémoires d'outre-tombe*, II, 131 (édit. de 1860.
[2] *Correspondant* du 25 janvier 1866.

dans sa traduction de l'*Énéide*, Delille avait fait un contresens : Delille soutenait le contraire. Le débat s'échauffait ; Michaud propose de consulter le texte. Delille, un peu embarrassé, dit : « C'est que je crois bien que je n'ai plus de Virgile. Ah ! si, reprend-il tout à coup, j'ai une petite édition qui vient de paraître. Mais où peut-elle être ? » Ils cherchent ; impossible de mettre la main sur le précieux volume. « Pourvu, dit le poète, que Mme Delille ne l'ait pas porté à la cuisine ! » Les deux amis vont, en effet, s'en assurer ; ils trouvent, hélas ! les feuillets dispersés ; on s'en était servi pour envelopper des côtelettes. Mais ils ne peuvent découvrir le feuillet où était le vers, objet de la contestation. Tout en furetant, ils avisent un pot de confitures, récemment faites. Elles avaient fort bonne apparence : « Il faut en goûter ? » disent-ils ; et les voilà qui emportent les confitures au salon ; en les savourant, ils se consolent de leur déconvenue ! Mais bientôt Delille est saisi d'une inquiétude : « Que dira sa femme ? En rentrant, elle cherchera ses confitures, comme ils ont cherché leur Virgile, et elle ne prendra pas aussi bien qu'eux sa mésaventure. « Certainement, elle va se fâcher, dit le mari préoccupé. Si nous allions faire un tour ? » Et les deux coupables s'esquivent pour éviter l'orage.

Dans *les scènes de la vie d'hommes célèbres* (1843), Valerio a représenté *Delille dans son ménage* ; il dit : « C'était bien la ménagère la plus prosaïque que Mme Delille ! La verve de son époux se traduisait pour elle en espèces sonnantes. Le poète, dans ses beaux jours, recevait cinq francs pour chaque vers échappé de sa plume. Aussi c'était plaisir de voir avec quel soin religieux Mme Delille guettait l'hémistiche flottant sur les lèvres de son mari, et lorsqu'il avait construit l'alexandrin, avec quelle dévotion elle le couchait sur le papier ! Mais, par malheur, le fécond versificateur avait l'humeur champêtre, et, partant, vagabonde. Il s'agissait de fixer cet oiseau chanteur, toujours prêt à prendre son essor, sous peine de voir la moisson d'écus faiblir au bout de la journée. Pour cela, l'imagination de Mme Delille lui avait suggéré un moyen qu'elle croyait infaillible. Lorsqu'une affaire pressante l'appelait dehors, elle allait préalablement recueillir toute la chaussure de son époux et l'enfermait sous clef dans une armoire. Bien sûre qu'il ne pourrait sortir, elle lui déposait sur le front un baiser conjugal et s'éloignait en lui recommandant d'être bien sage. »

Mais par un beau soir d'automne, Mme Delille était sortie après avoir pris cette précaution, et le poète s'était mis à la fenêtre, regardant tristement les ébats de la foule joyeuse qui allait à la promenade. Tout à coup, il aperçoit dans cette foule son vieil ami Parseval-Grandmaison [1], et l'invite à monter. Parseval veut l'emmener au jardin du Luxembourg ; mais Delille lui montre ses pantoufles, seules chaussures que sa ménagère ait daigné lui laisser. Parseval s'élance chez le cordonnier d'en face, et rapporte une paire de souliers où les pieds du poète auraient pu se promener, et qu'il chausse néanmoins, non sans avoir dit plusieurs fois : « Ah ! si Mme Delille le savait ! » Les voilà partis ; mais ils ont la malchance de rencontrer Mme Delille sous les ombrages du Luxembourg ; elle les surprend dansant de joie ; reproche à son mari de danser en plein air comme un baladin, et à Parseval de détourner un homme de son travail ! » Parseval s'éclipse ; Delille reçoit une verte réprimande et se rend tête baissée au logis. A l'avenir, lorsque Mme Delille s'absenta, elle mit sous clef non la chaussure du poète, mais le poète luimême ».

En admettant qu'il y ait un peu d'exagération dans ce récit destiné à amuser les enfants, nous savons néanmoins à quoi nous en tenir sur « l'aimable Vaudchamp ». Je crois que Delille a mis quelque malice à l'appeler ainsi ; c'est dans son poème de l'*Imagination*.

Voici pourtant un trait authentique, c'est Pongerville qui le raconte : Le comte Daru et Parseval-Grandmaison étaient allés rendre visite à leur confrère logé au collège de France ; ils sonnent, en vain ils appellent. Delille reconnaît leur voix : « Je ne puis ouvrir ;

---

[1] Parseval-Deschênes, frère de Parseval-Grandmaison, faisait aussi des vers. Il lisait un jour à Delille sa fable où le loup s'exprime en ces termes :

> Je n'expose au danger que ma personne seule,
> Et mon artillerie est toute dans ma gueule...

« Comment trouvez-vous ces vers ? — Hé, hé ! répond Delille, ils ne sont pas mauvais pour des vers de loup. »

ma femme a emporté la clef, elle va rentrer. » En effet, Mme Delille parut, le panier de provisions au bras, et les introduisit. Dans la conversation, il cita des passages de *Phèdre*. Elle, de fort méchante humeur parce qu'on empêchait son mari de travailler, lui dit à l'oreille mais d'un ton à être entendue. « Taisez-vous donc, ne voyez-vous pas que ce sont des voleurs de vers ; ils vont retenir les vôtres. — Eh ! ma chère, ils ne me voleront que des vers de Racine », réplique Delille vexé et confus. »

« Cette scène, ajoute Pongerville, peint bien la singulière éducation de la femme du grand poète. Mais cette femme au moins sentait, sous d'autres rapports, les devoirs que lui imposait le nom célèbre qu'elle portait ; son respect pour la gloire de son mari ne se démentit jamais. »

*
* *

Il ne paraît pas que l'abbé de Saint-Séverin ait amené cette nièce, sa future épouse, en Saintonge ; c'était assez de l'Auvergne. Mais il y eut des filleuls. Il avait pour agent le notaire de Dampierre, Jean-Henri Fromy-Beaupré. Il voulut être parrain de sa fille, le 8 octobre 1782, Marguerite-Henriette, *alias* Alexandrine, plus tard mariée à Audouin-Dubreuil et morte à Saint-Jean-d'Angély en 1876, âgée de 84 ans. Dans une lettre datée de 1786, il écrit : « Embrassez pour moi ma filleule » ; et dans une autre du 21 janvier 1787 : « Je vous prie de donner 24 livres à mon petit filleul et de l'embrasser pour moi. » Il avait même eu l'intention de témoigner plus efficacement sa générosité. Une lettre signée Delaunay dit : « Je suis chargé de la part de M. l'abbé de Lisle (*sic*) de vous prier de m'envoyer incessamment l'extrait baptistaire légalisé de celles de vos demoiselles qui est sa filleule, afin d'opérer solidement le bienfait honorable et avantageux qu'il a résolu de lui faire et dont vous êtes sûrement prévenu. » Cette date (12 janvier 1789) explique peut-être que ce « bienfait honorable » n'a été qu'une intention.

La même missive contient ce passage : « M. l'abbé de Lisle est aussi dans l'heureuse et la noble disposition d'aumôner les plus pauvres de ses habitants de Saint-Séverin ; mais il lui faut un coopérateur à cette œuvre exemplaire ; car il est malade et, quand il serait en bonne santé, il ne pourrait pas distribuer ses aumônes à des malheureux si éloignés de lui ; il désirerait donc, monsieur, que vous fussiez l'arbitre et le dispensateur de ses charités. J'ai trop entendu dire du bien de vous pour ne pas être persuadé de votre empressement à accepter une commission qui vous donnera tant de droits à la reconnaissance de tous les cœurs sensibles. »

Le reste de sa correspondance ne montre pas des relations moins amicales avec Fromy. Le 12 juin 1784, il lui écrit de Paris : « Je vous dois des remerciements pour le bon accueil que vous m'avez fait, et c'est avec plaisir que je vous renouvelle ici l'assurance de ma sensibilité à ce sujet ainsi qu'aux soins que vous voulez bien donner à mes intérêts.

« Je désirerais que M. le curé de Vert, qui, dit-on, doit quitter sa cure, la remît entre vos mains au lieu de la résigner. Ecrivez-lui, je vous prie, de ma part, pour l'y engager et dites-lui combien je lui en aurais d'obligation et vous me ferez part de sa réponse. »

Cette lettre est seulement signée. Un passage en donne l'explication : « Mes yeux vont un peu mieux, mais pas encore assez bien pour écrire moi-même. J'espère cependant qu'avec du soin et du régime, ils me seront enfin rendus. »

Les lettres de Delille, dont nous devons la bienveillante communication à M. Rogée-Fromy, sont scellées d'un cachet montrant dans un cartouche le chiffre J. D. Le cartouche est surmonté d'une couronne de comte et de cette devise : JUSTE DÉSIR.

.

Au tour de la mère maintenant. Le fils a remercié Fromy-Beaupré de son accueil en juin 1784 ; Mme Delille, qui a passé quelque temps à Saint-Séverin avec son fils, a conservé un excellent souvenir de cette aimable famille. Elle écrit de Pontgibaud, le 12 novembre 1784, à Mme « de Beaupré », cette lettre pleine de détails un peu terre-à-terre et d'une orthographe que nous respectons scrupuleusement, sauf la ponctuation généralement absente ou intempestive :

« Monsieur,

Monsieur Chatenet, directeur du bureau d'Aunai, pour remettre, s'il lui plait, en diligence à M. de Beaupré à Dampierre en Poitou à Dampierre.

Pongibeaud 12 novembre 1784.

« Ne m'acquzé point, madame et chère amie, d'ingratiude, soyé bien persuadé de toute ma reconnaissance. L'éloignement ny mettra jamais d'obstacle. Sy l'esprit était visible, vous me verié souvant ; il ne passe pas un iour sans vous randre ma petite vizitte, soye en bien persuadé, ie vous le repette, bien sinsserement, et qui plus et, sy vous avié eut un apartement à me donner, ie n'orais poin quitté le pais. Iay ezité longtems à me decider tant j'avois de repuniance à me déplacer et m'éloignier des personnes de qui ie n'ay reçu que mil bonté et prévenance. Ie ne les oublieray iamais, non plus que celle de M. de Saint-George [1] et sa respectable parente. Cela me dedomageoit de tout les movais procedé que iay essuyé d'ailleurs. Je ne me plainiait que de l'éloignément qu'il y avait entre nous et ie ne vous repette point le bonheur don ie iouis. Ien fais le récit à M. de Saint-George ; il vous en fera par. Ie ne doute point de l'interet que vous voudré bien y prandre. Ie vois mes parans très souvant et vais manger leur soupe quand ma santé me le permet. Nous ne sommes qua une demy lieu de distance et leur campagne est charmante. Pour moy jay une petite chambre charmante aussy, qui a la plus belle vüe possible près de l'église ; trois messe par iour, un prone tout les dimanche. M. le comte de Pongibeau [2] ma donné une clés de sa chapelle ou ie suis très à mon aise. Ie dine chez luy presque tous les iour. Il nexige point de toilette ; iugé, ma bonne amie, combien ie suis à mon aise ; il ma fait present de mil petite choses pour mon petit ménage — il a un parc charmant formé par la nature dans lequel il a fait faire des routes dans lesquelles nous nous promenons à pied quand il fait beau tems et en voiture quand il fait de la boue. Ie vous laisse à panser combien mon sort est différand.

Dans le moment que ie vous ecrit il se présente une occasion la plus favorable pour moy. Un religieux qui vat en voiture à Saintieandangely et qui doit repasser icy la veillée des fêtes de noël prochain, veut bien se charger de metre dans sa voiture ce que ie vais vous demander savoir (ici quelques détails de ménage et d'économie domestique) : les rideaux dindienne fon bleu et les trois pantes pour

[1] Sans doute de la famille des Chasteigner de la Rocheposay et de Saint-Georges, etc. passionnée dans toute la contrée.

[2] Le comte de Pontgibaud, en 1784, était César de Moré (1703-1781), père d'Albert-François de Moré, comte de Pontgibaud, qui fit pendant l'émigration et sous l'empire une très brillante fortune à Trieste dans la banque sous la raison sociale *Joseph Eabrosse*, et aussi du comte Albert de Moré, auteur des très curieux *Mémoires du comte de Moré* (1758-1837), publiés pour la société de l'*Histoire contemporaine* (Paris, Picard, 1898).

mettre à la couchette que ie viens de faire faire et un couvre-pied de damas brun. Le tout et dans la grande harmoire de la grande chambre. Ie vous prie de faire un petit balot et me lenvelopper dans la paillasse du lit ou ie couchoit et à carreaux. De plus lé postillon veut bien aussi se charger de sis bouteilles de ratafiat de celles qui sont dans le haut de la grande harmoire ; prené, s'il vous plait, ma bonne amie, les dernières faites ; elles sont toutes étiqueté. et vous auré la bônté de les envoyer chez messieurs les bénédictins à St iean dangely et faire demander le postillon qui conduit le père qui doit revenir à la Chaise-Dieu. Faites bien réflection, ma bonne amie, de ne point vous tromper pour ce que je vous demande, cet la housse du lit de la petite chambre de mon fils, en indiénne fon bleu où il y a deux grand rideaux et les deux petits rideaux et trois pantes festonné. Le tout est dans la grande harmoire. faite bien plier le paquet dans la palliasse du lit et le couvre-pied de damas brun afin qu'il soit moins grand. Il faut louer un homme, s'il vous plaît, bien sûr pour qu'il se charge de porter le tout à l'abbaye de St-iean. Mille pardons ma bonne amie. Recevé mille tendre compliments et embrass es de ma par pour vous et votre cher mary et toute votre aimable famille, et ne douté iamais de mon tendre attachement. Iay l'honneur d'être avec toute la considération possible, madame et chere amie, votre très humble et très obéissante servante.

Chaselle de Lille.

Iavais mil autre choses à vous dire mais
le postillon veut partir. »

On voit par cette lettre, dont l'original appartient à M. Rogée-Fromy, que les rapports entre la mère et le fils n'étaient pas si froids qu'on l'a dit : « Pendant quelque temps, raconte Montlosier, tout fut extrêmement tendre entre eux. Bientôt ils se brouillèrent et se séparèrent. Quand je vis, quelque temps après, l'abbé Delille à Clermont, il se plaignait beaucoup de sa mère, qui, à son tour, se plaignit beaucoup de lui. Il m'aimait assez alors parce que je savais par cœur toutes ses *Géorgiques.* A un autre voyage, il m'aima davantage parce que je savais son poème des *Jardins.* »

Est-ce bien exact ? En tout cas, la brouille ne dura pas : car il fallait un assez grand courage pour entreprendre le voyage d'Auvergne en Poitou et venir séjourner dans une paroisse de 440 habitants. L'amour maternel seul, le plaisir de passer quelques jours avec son fils pouvaient décider Mlle de Chazelle. Montlosier a pu être trompé par ses souvenirs ; son biographe, Bardoux, l'a été certainement quand il raconte : « Montlosier avait à peine dix-huit ans qu'invité à une petite fête dans la ville de Royat, il s'y trouva avec une demoiselle de cinquante ans et fort aimable. Un beau jour elle disparut, et l'on apprend qu'elle est à Paris et qu'elle s'y présente sous le nom de Mme Delille, mère de l'abbé Delille. » Or, Reynaud, comte de Montlosier, né en 1755, aurait vu, en 1773, Mlle de Chazelle, qui, née en 1709, aurait eu alors 64 ans.

D'une nature aimante et facile, l'abbé de Saint-Séverin, charitable pour les pauvres, ne pouvait qu'entretenir de bons rapports avec ses voisins.

Près de là était le Tabarit, en la paroisse de Coyvert ; c'est une délicieuse oasis, ou plutôt un charmant jardin, frais et ombragé, qu'arrosent deux bras de la Boutonne. On y montre un bosquet touffu où il venait rêver et un immense marronnier qu'il a planté. Le propriétaire était Pierre Fromy, lieutenant au régiment de Belzunce, qui, retiré du service, avait (17 septembre 1730) épousé sa cousine Marie Pastureau, dont le père était magistrat à la prévôté royale de Chizé. Il avait acheté cette terre de Gabriel de Fleury [1].

Mais qui terre a, guerre a. Le Tabarit, fief qui ne relevait que du roi, à cause de son château d'Aunay, n'était séparé du château de Dampierre que par une route. Dispute entre les deux voisins ; le baron de Dampierre prétendait que le propriétaire de Tabarit n'avait droit qu'à une fuie et non pas à un colombier. Le procès dura de longues, longues années. C'était l'usage, qui ne s'est pas perdu

---

[1] Voir pour les Fleury le *Dictionnaire des familles du Poitou,* par Beachet-Filleur, nouvelle édition, t. III, p. 448.

tout à fait. On transigea et les deux seigneurs vécurent en bonne intelligence. La révolution d'ailleurs allait bientôt évoquer l'un et l'autre.

Delille se prêtait à rendre service. Le 21 janvier 1787, il écrit de Paris à Louis-Alexandre Fromy, notaire royal à Dampierre : « Je n'ai pu prendre qu'ici les informations nécessaires à l'affaire de monsieur votre frère. Il faut que vous m'envoyiez un mémoire qui contienne tous les motifs sur lesquels on peut fonder une demande ; alors j'écrirai et je ferai écrire à M. le cardinal de Bernis... »

Tout près de Saint-Séverin était Dampierre-sur-Boutonne, paroisse de 527 âmes, dont Saint-Séverin est aujourd'hui une annexe. Il y a là un des rares châteaux que la renaissance ait laissés en Saintonge. Bâti en 1545-1550 par Jeanne de Vivonne, épouse de Jacques de Clermont, femme d'une rare intelligence, qu'a vantée Brantôme, il s'élève pittoresquement sur la Boutonne, qui lui sert de rempart d'un côté. Avec sa frise superbe, sa belle galerie à caissons sculptés ornés de sujets allégoriques, de devises, de légendes, il a été gravé dès 1641 par Claude Chastillon et a depuis souvent exercé le crayon d'une foule d'artistes.

Delille ne manqua pas de visiter ce monument qui contrastait singulièrement avec les débris de son abbaye. Il y vit certainement le châtelain. C'était alors le comte de Gallifet, prince de Martigues, grand-père du marquis de Gallifet, tout récemment ministre de la guerre.

* *
*

Puis tout croule. Les Gallifets émigrent. Leur terre de Dampierre, devenue propriété nationale, est, le 24 avril 1795, adjugée pour 100.200 francs à François Dubois, cultivateur à Courant.

Jacques Delille n'avait plus rien à démêler avec les habitants de Dampierre, du Tabarit ou de Saint-Séverin.

Il eut pourtant à régler quelques questions avec le district. Une lettre nous l'apprend :

« Les décrets de l'assemblée nous donnent l'usage viager des bâtiments construits par nous en total ou en grande partie. Or la cave, la remise et la grange ont été presque en entier bâties à mes frais, et un bâtiment considérable, destiné en partie à loger des bestiaux et en partie à mon habitation, a été bâti entièrement à mes frais. »

Oui, mais il faut déguerpir quand même et laisser libres les bâtiments, propriété de la nation. Les moines ont toujours tort, même laïcisés.

« Pour ce qui regarde mes meubles, j'autorise M. Dubois à les remettre à M. Fromy ; mais en même temps je me réserve, suivant les décrets, l'usage de ma cave et du bâtiment neuf ; je vous prie de faire valoir mes réclamations. Si j'étais obligé de céder ma cave et le bâtiment neuf, je prie alors M. Fromy de réserver à peu près deux cents bouteilles vides, à peu près cent bouteilles pleines et deux pièces de vin, et de me les garder. Je lui abandonne tout ce qui est vaisselle, porcelaine et les menus ustensiles, vases, etc. »

Ce ne dut pas être l'ex-abbé Delille qui but le vin de Saint-Séverin.

Privé des revenus de son bénéfice, il était redevenu — et pour peu de temps — simple professeur. Il se consola de sa déchéance.

Je fus pauvre longtemps sans accuser les dieux ;
Je fus riche un moment sans être plus heureux.
Je me vis entouré de jouissances vaines,
D'un luxe embarrassant, de tracas et de peines.
A mon premier état le destin m'a rendu ;
J'avais bien peu gagné, j'ai donc bien peu perdu.

Il avait passé, a-t-on dit, l'été de 1789 en Auvergne près de sa mère et pendant ce temps on avait pris la Bastille. Ce qui semble contredit par Montlosier : « Les Etats Généraux ayant été convoqués et les événements de juillet étant survenus, on pouvait facilement être effrayé. L'abbé Delille le fut par-dessus tout. Je le rencontrai un jour aux Tuileries ; il n'osait ni proférer un mot, ni jeter les yeux sur moi. Il regardait de tous côtés pour voir si on l'observait. »

La mode était la fuite à l'étranger. La noblesse émigrait, le clergé était exilé ; lui resta. Il se fit petit et chercha à être oublié ; ce n'était plus l'abbé Delille ; mais bien Montanier-Delille ; il quitta sa tonsure et mit des sabots ; il n'alla pas toutefois jusqu'à la carmagnole. Modeste d'ailleurs, inoffensif, aimé de tous, il pouvait passer inaperçu ; il se gardait bien du reste d'attirer sur lui l'attention. Marmontel le calomnie quand il dit :

> L'abbé Delille avec son air enfant
> Sera toujours du parti triomphant.

Il plia sous l'orage et baissa la tête. Il aurait pu répondre comme Sieyès à la question : « Qu'avez-vous fait pendant la terreur. » — « J'ai vécu. » D'autre part on a vanté son courage. Invité à composer un chant pour la fête de l'Etre Suprême, le poète fit ce magnifique dithyrambe sur l'immortalité de l'âme, où il eut l'audace de mettre en parallèle les tyrans sanguinaires et leurs victimes :

> O vous qui de l'Olympe usurpez le tonnerre,
> Des éternelles lois renversez les autels,
>   Lâches oppresseurs de la terre,
>   Tremblez ; vous êtes immortels.
> Vous, du malheur victimes passagères,
> Sur qui veillent d'un Dieu les regards paternels,
> Voyageurs d'un moment aux rives étrangères,
>   Consolez-vous ; vous êtes immortels.

Quand il lut ces strophes au comité, le président, c'était Chaumette, effrayé de tant d'audace, lui dit que l'heure n'était pas venue de les publier ; on l'avertirait du moment opportun ; ce moment ne vint pas.

Sainte-Beuve, qui ne croit pas à cet accès d'héroïsme, fait remarquer que les deux meilleures stances du poème avaient été lues par Delille au collège de France et même imprimées dès 1776 : « et ne purent être une inspiration de la terreur ». On a parlé d'une arrestation et d'une comparution devant le tribunal révolutionnaire ; d'où probablement, comme tant d'autres, il ne serait pas revenu. Amené devant le comité de sa section, il trouva un défenseur dans un maçon, membre du comité, qui s'écria : « Il ne faut pas tuer tous les poètes, mais en garder au moins quelques uns pour chanter nos victoires. » La république, qui n'avait que faire des chimistes, eut l'idée, ce jour-là, qu'elle pouvait avoir besoin de poètes.

Cependant le sort de Roucher et de Chénier — (bien qu'il y eût quelque chose là) — ne pouvait pas rassurer complètement Delille, malgré la protection de Chaumette.

Il rencontre un jour le représentant du peuple, Joseph Cambon, qui lui déclare qu'il est le plus malheureux citoyen de la république ; il ne peut s'absenter seulement pendant huit jours pour s'aller reposer à la campagne ; « la convention n'a que trois orateurs et j'en suis *t'un* ».

« Il est impossible de tenir dans ce pays-ci », s'écria le professeur académicien, choqué d'une si grave incorrection grammaticale.

L'anecdote est controuvée ; c'est peut-être la traduction de son mot à Mme Lebrun, réfugiée à Rome : « La politique a tout perdu ; on ne cause plus à Paris. » La dispersion de ses amis, le bruit de la rue, les violences de la foule, les massacres et l'échafaud effrayaient le citoyen et rebutaient, dans ses goûts, le rêveur.

Michaud, un ami, a raconté en tête des *Poésies* de Delille (1801) que son ami l'abbé Antoine de Cournand, professeur, étant de garde aux Tuileries, rencontra le poète qui se promenait malgré son arrestation au logis ; il fit mine de le reconduire chez lui au nom de la loi. Delille depuis eut une peur horrible et de la garde nationale et de l'abbé Cournand. Cet abbé Cournand, prêtre jureur, fort avancé dans la révolution, vantait, prônait le mariage des prêtres. Delille lui appliquait l'épigramme de Chapelle qui, à propos de *Bérénice*, répétait ce refrain d'une vieille chanson :

> Cournand pleure, Cournand prie,
> Cournand veut qu'on le marie.

Il ajoutait ce distique qui eût choqué Boileau :

> Et de ses larges flancs voit sortir à longs flots,
> Tout un peuple d'abbés, pères d'abbés nouveaux.

Sans rancune, il se vengeait avec de l'esprit, quelquefois par un calembour.

Le jour de la première fédération, par une chaleur accablante, il se promenait avec des dames : « Ah ! si quelque bonne fée pouvait nous envoyer des rafraîchissements ! » — « Madame, reprit l'abbé, adressez-vous à la *fée des rations*. »

Cependant il prit le parti de s'éloigner. C'était après thermidor. N'avait-il plus peur de passer pour émigré ? Le 1er novembre 1794 (11 brumaire an III), il écrivait encore de Paris « au citoyen Fromy-Beaupré à Dampierre, à deux lieues de Saint-Jean-d'Angely », ce billet peu compromettant : « Le citoyen Delille fait mille compliments au citoyen Fromy. L'extrait qu'il lui a envoyé n'étant pas en forme, il le prie de le lui renvoyer avec les changements indiqués ci-dessous. Il n'ose se plaindre de n'avoir reçu aucune de ses nouvelles ; il le prie toutefois de présenter ses hommages à toute sa famille. »

Où alla-t-il ? Dans les Vosges, à Saint-Dié, patrie de sa femme, — non de sa mère, comme on l'a écrit. — Il y acheva sa traduction de l'*Enéide* dont il avait lu des passages à Voltaire. Dans le *Moniteur* du 23 juin 1809, il en annonça une nouvelle édition par Firmin Didot. Elle ne vaut pas ses *Géorgiques*. Le genre était différent. L'inconvénient de la traduction — un parfum qui se transvase — était ici plus frappant il ne s'agissait plus de décrire les travaux des champs ou les mœurs des abeilles, ou l'aventure d'Aristé et les malheurs d'Eurydice, mais de chanter les exploits des guerriers, et l'abbé Delille n'avait point l'âme héroïque ; il ne s'enthousiasmait qu'à l'ardeur d'autrui ; son talent n'était pas fait pour l'épopée. On lui a reproché des longueurs, des inexactitudes, des épithètes parasites, des paraphrases. Pourtant, dit Pongerville, « entraîné par la grâce facile, l'harmonie, le coloris des vers, on parcourt cet ouvrage avec admiration pour Virgile et reconnaissance pour son interprète ». Il dédia cet ouvrage à l'empereur Alexandre. On lui attribua encore une traduction des *Bucoliques*. Tout Virgile y eût passé : il s'en était occupé et l'ouvrage devait paraître avec d'autres compositions qu'il avait en portefeuille, assurait-il, en 1809.

Au bout d'un an passé dans la solitude, il se rendit à Bâle; il y était à l'étranger, en dehors des agitations révolutionnaires, puis de là à Glairesse en Suisse, au bord du lac de Bienne, en face de l'île de Saint-Pierre; et le gouvernement de Berne, qui jadis en avait chassé Jean-Jacques Rousseau, accorda à Delille le droit de bourgeoisie; c'était une manière de réparer envers le poète malheureux ses torts envers l'illustre prosateur. Il trouvait là la paix, des sites ravissants, un lac, des montagnes; il y acheva l'*Homme des champs* et les *Trois règnes de la nature*. Après deux ans passés à Soleure, il se rendit en Allemagne, à Brunswick, où il composa le poème de la *Pitié*.

A Hambourg, Delille rencontra, chez la marquise de Verthamy, Rivarol, à qui il avait à reprocher plus d'un trait malin, plus d'une satire à l'égard de « l'abbé Virgile ». Il devait avoir sur le cœur ce mot : « L'abbé Delille n'est qu'un rossignol qui a reçu son cerveau en gosier », et certainement ce dialogue, où le chou et le navet se plaignent de ce que le chant des *Jardins* les oublie :

> Le navet n'a-t-il pas dans le pays latin
> Longtemps composé seul ton modeste festin,
> Avant que dans Paris ta muse froide et mince
> Egayât les festins du commis et du prince ?.....

« Delille passera, les navets resteront. »

C'était dur... Delille, homme du monde, affecta la plus exquise insensibilité; il alla même jusqu'à rappeler au satirique plusieurs vers et promit de consacrer un épisode expiatoire au potager : échange de courtoisie et de compliments entre deux hommes d'esprit, dont s'égayait la galerie.

Delille finit par ce mot connu de *Rome sauvée*.

> Je t'aime, je l'avoue, et je ne te crains pas.

Un Hollandais présent, homme d'esprit, murmura en changeant ainsi le vers.

> Je te crains, je l'avoue, et je ne t'aime pas.

« C'est le plus aimable vaurien que j'aie jamais rencontré, disait plus tard à Londres le poète de son rival; il a plus d'esprit que moi, mais je rime mieux l'alexandrin que lui. »

La réconciliation suivit cette entrevue ; ils troquèrent leurs taba-
tières.

« Ce fut, dit Sainte-Beuve, un assaut de grâce ; du coup, un
bourgeois, là présent, eut presque de l'esprit. Il s'y dépensa plus de
bons mots en un quart d'heure que durant des siècles de la ligue
hanséatique. »

Et puis, « chassé du continent par le débordement des victoires
républicaines, dit Chateaubriand, Delille vint aussi s'établir à Londres. L'émigration le comptait avec orgueil dans ses rangs. Il chantait nos malheurs ; raison de plus pour nous faire aimer sa misère. »

« Emportant la pitié dans son cœur, a ajouté Regnault de Saint-
Jean-d'Angély, ainsi qu'Enée emportait ses Dieux chassés d'Ilion, il
était allé sur la terre étrangère élever un monument à cette divinité
des âmes tendres, devenue alors la divinité des âmes courageuses. »

A Londres, « il rendit d'abord visite à Malouet qui le reçut fort
bien » et à Montlosier, son compatriote, qui l'accueillit fort mal.
Aux yeux des intransigeants — et Dieu sait si le comte en était —
Delille avait eu le tort d'envoyer une lettre au comte d'Artois,
qui lui avait donné jadis l'abbaye de Saint-Séverin. En outre on lui
attribuait des lettres contre le parti « monarchien ». Delille
s'excusait : les lettres dont on se plaignait lui avaient été envoyées
de Londres ; puis il ne pouvait oublier que le comte d'Artois avait
été son protecteur.

Pour la politique proprement dite, il n'y entendait rien. Un
jour, dans un dîner où était l'abbé Dillon, il avait jasé sur ce cha-
pitre à tort et à travers. Quand il eut fini, l'abbé Dillon lui dit :
« Allons, l'abbé, il faudra que vous mettiez tout cela en vers pour
nous le faire avaler. » C'est moins dur que le mot de Rivarol à un
autre abbé. Rivarol blâmait devant lui une mesure : « Avec un
peu d'esprit on eût évité cette faute ». — « De l'esprit, de l'esprit,
s'exclame l'abbé, c'est l'esprit qui nous a perdus. » — « Alors,
Monsieur, reprit Rivarol, pourquoi ne nous avez vous pas sauvés ? »

Entre compagnons d'infortune les rancunes peuvent-elles exister ?
Le malheur est un lien et, sur la terre étrangère, dans l'exil, on se

sentait Français. Le jour, chacun besognait ; l'un faisait des traductions pour les éditeurs anglais ; l'autre peignait, était maître d'école ; celui-là marchand de charbon. Un ex-grand seigneur gagnait sa vie et celles de plusieurs compagnons de détresse en allant à l'heure des repas assaisonner la salade dans les hôtels. Les grandes dames fabriquaient des chapeaux, étaient couturières et lingères. Chateaubriand apprenait à lire à un petit neveu, Loquet de Blossac, lequel à neuf ans gagnait quelques sous par jour chez les trappistes à chasser avec une gaule les corbeaux qui dévastaient les récoltes ; et tout cela avec un entrain qui stupéfiait les graves indigènes, étonnés d'une insouciance qui narguait le malheur. Le soir, on se réunissait chez Malouet, chez Chateaubriand. C'était le côté intellectuel ; ailleurs on jouait, on chantait, on dansait ; les *Mémoires d'outre-tombe* en particulier nous ont laissé le tableau de ces souffrances si vaillamment et si gaiement endurées.

Delille, lui, paya l'hospitalité anglaise en traduisant Milton. Avec l'aide d'un émigré français, le chevalier de Mervé, d'officier devenu professeur, qui possédait à un égal degré les deux langues, en quinze mois, au prix d'un labeur assidu, il acheva le *Paradis perdu*. Mais cet effort pensa lui coûter la vie ; il ressentit là la première atteinte de la paralysie qui devait l'emporter.

*
* *

En France, l'ordre peu à peu reparaissait. Les diverses académies supprimées en 1793 renaissaient sous le nom d'institut national (25 octobre 1795) et, le 12 décembre, Delille fut nommé membre de la 3e classe. On lui écrivait d'y venir prendre sa place ; il ne répondit pas et fut déclaré déchu de ce titre le 24 janvier 1799, pour cause de non-résidence. Il ne se décida à rentrer dans sa patrie qu'en 1802 ; par décret du 28 janvier 1803, il fut réintégré dans la seconde classe (langue et littérature françaises) qui comptait 40 membres, dont 12 de l'ancienne académie ; il y retrouvait des confrères : Morellet, Ducis, Suard, La Harpe, Boufflers et autres. Bonaparte cherchait à s'attirer tous les hommes de talent.

Autour de lui on blâmait hautement ce poème de la *Pitié*, qui appelait la sympathie sur d'augustes victimes et excitait l'admiration pour des infortunes noblement supportées. Aussi les critiques, les pamphlets ne manquèrent pas. On était sûr de plaire au maître. Un folliculaire éhonté, tour à tour démagogue, jacobin, tribun, impérialiste, ultra, Carrion, marquis de Nisas, publia (1803) une brochure qu'on disait inspirée par la police : *Pas de pitié pour la Pitié ;* mais, c'est l'expression de Sainte-Beuve « Rien n'égale comme violence et infamie un certain pamphlet, *Examen critique du poème de la Pitié, poème précédé d'une notice sur les faits et gestes de l'auteur et de son Antigone* (Paris, 1803). »

L'anonyme s'attache à flétrir toute la vie de Delille, fait de la *Pitié* un crime d'état et le dénonce aux rigueurs du gouvernement consulaire. C'était le chevalier Dupuy des Islets, un famélique à tout faire ; il avait eu la maladresse, ayant vécu dans l'intimité du ménage, de révéler certaines particularités que lui seul pouvait connaître. Ses odieuses révélations n'excitèrent que le dégoût public.

Il ne paraît pas que ces calomnies aient eu quelque influence sur le premier consul. « Napoléon déjà perçait sous Bonaparte », lui, qui aurait fait Corneille ministre et nommé Chateaubriand ambassadeur, aurait été heureux de combler Delille de faveurs ; il lui offrit les plus hautes distinctions. Mais le poète, gardant dans son cœur le culte des souvenirs, s'inclina silencieux. On dit même qu'ayant rencontré Bonaparte une seule fois, il répondit à ses avances par un mot piquant.

« Quoique un pouvoir si redoutable alors, a dit Campenon dans son *discours* de réception à l'académie, eût employé tous ses moyens de séduire et d'intimider pour obtenir quelques vers du chantre de la *Pitié*, le chantre de la *Pitié* est mort sans avoir interrompu son silence courageux. Noble et fidèle silence que les plus beaux vers ne sauraient égaler ! »

Renchérissant encore sur le dévouement de Delille à « l'auguste famille des Bourbons » que vantait le récipiendaire, dans sa réponse, Regnaud de Saint-Jean-d'Angély, un des plus chers et des plus dévoués agents du gouvernement impérial, dira plus tard : « Avec quels transports n'eût-il pas vu l'auguste fils de Henri-le-Grand, plus heureux encore que son immortel aïeul, entrant dans la capitale sur le char de la paix, répondant à tous les vœux par toutes les sages espérances, consolant le passé, et garantissant l'avenir par ses saintes promesses !... Avec quelle émotion n'eût-il pas vu la fin de tous les genres d'exil, ramenant au sein de la France tous ses enfants ! »

Delille avait repris sa chaire de poésie latine au collège de France. Quelques uns y voulaient voir un signe d'adhésion à l'empire, et le Grand-Maître de l'université, Fontanes, cherchant à rallier Michaud, lui citait Delille, son ami : « Il a pris cinq mille livres. — Mon Dieu, c'est un peureux, répliqua Michaud ; il en aurait même pris cent mille. »

Le 20 septembre 1804, un décret d'Aix-la-Chapelle créa 22 prix destinés à récompenser, tous les dix ans, au jour anniversaire du 18 brumaire, les meilleurs ouvrages et les plus utiles inventions ; un autre décret du 28 novembre 1809 en éleva le nombre à 35. Le jury littéraire désigna l'*Imagination*, l'*Enéide* et le *Paradis perdu*, regrettant de ne pouvoir couronner ses poèmes l'*Homme des champs*, et les *Trois règnes de la Nature*. Le rapporteur était le rival de Delille, et son ennemi politique, Marie-Joseph Chenier, celui qu'injustement d'ailleurs Rivarol avait dénommé « le frère d'*Abel Chenier* ». Le 1er juillet 1809, un décret le nomma professeur d'histoire littéraire et de poésie française à la faculté des lettres de l'université à Paris.

Delille avait rapporté de ses voyages d'exil, des ouvrages qu'il publia peu à peu et qui mirent le comble à sa réputation. *La Pitié*, poème en 4 chants (1803) ; l'*Enéide* de Virgile en vers français (1804) ; le *Paradis perdu* (1805) ; l'*Imagination*, poème en 8 chants (1806) ; les *Trois règnes de la Nature* (1809) ; la *Conversation* (1812).

Tous ces ouvrages eurent un grand succès. Les *Jardins*, l'*Homme des champs*, plusieurs autres furent traduits en italien, en anglais et autres langues modernes. L'*Homme des champs* fut traduit en latin par Dubois (1808) et en hollandais par Bilderdick, de même son dithyrambe *sur l'immortalité de l'âme* par I. Immerseel.

Ses livres se tiraient ordinairement à 20 mille exemplaires pour la première édition. L'*Enéide* fut tirée à cinquante mille et payée à l'auteur quarante mille francs. C'est peu devant le tirage énorme de certains romans contemporains ; mais, pour l'époque, ces chiffres étaient prodigieux. Les *Géorgiques* eurent cinq éditions en moins d'un an. L'*Essai sur l'homme*, de Pope, traduit en vers, antérieur aux *Géorgiques*, par conséquent le premier de ses ouvrages et qui ne parut qu'en 1821, lui avait été payé 2.400 francs, suivant acte passé le 24 février 1769 avec le libraire Bluet. Il travailla jusqu'à la fin. Deux ans avant sa mort, il écrivit encore un poème sur la vieillesse et disait « qu'il n'était que trop plein de son sujet ».

Retiré au collège de France, presque aveugle, le poète recevait tous les jours des personnes de l'ancien régime, des contemporains, des amis qui avaient applaudi à ses premiers succès, et les célébrités nouvelles, avides de voir un homme renommé que rendaient vénérable et son talent et son courage pendant la tourmente, et son audacieuse fidélité aux princes qui l'avaient protégé, et sa dignité silencieuse sous l'empire, et sa vieillesse, et son infirmité. Ils venaient causer chez et avec ce vieillard, qui n'avait rien perdu de sa bonté, de sa douceur, de son amabilité et de son esprit toujours jeune : Berryer, qui prenait là des leçons d'attachement monarchique Villemain, jeune professeur de Charlemagne, qui venait de remporter un prix à l'académie, Picard, Casimir Delavigne, Talma, les deux Michaud, l'abbé de Féletz, échappé des pontons homicides, de Rochefort, Dureau de la Malle, le chevalier de Boufflers, Lamennais, Regnaud de Saint-Jean-d'Angély, Cuvier, Chateaubriand.

Quelquefois il paraissait dans les salles du collège de France et assistait aux leçons de son suppléant Tissot. Les étudiants l'acclamaient. Quand il venait à l'académie, ce qui était rare, il était accueilli avec un empressement flatteur et une déférence pieuse.

Regnaud de Saint-Jean-d'Angely a rappelé à son sujet les malheurs et la gloire du Tasse, puis le triomphe décerné à Voltaire ; mais aussi plus heureux que le poète d'*Irène*, Delille jouissait « avec encore plus d'émotion que lui de la tendresse de ses amis et de l'admiration publique et il excitait ce sentiment spontané, unanime, des assistants qui, au lieu de se lever comme chez les anciens pour honorer l'objet de leur culte poétique, attendirent dans une immobilité silencieuse que le Virgile, le Milton français, le prêtre des Muses eût quitté le sanctuaire et le parvis du temple ».

Il présida notamment, le 9 avril 1812, la séance publique annuelle. « Au moment où il parut au fauteuil pour ouvrir la séance, dit *le Moniteur*, il a été accueilli par les plus vifs applaudissements. » Cette séance où fut couronné Villemain, professeur de rhétorique au lycée Charlemagne, pour son éloge de Montaigne, il lut deux morceaux, l'un en réponse à l'opinion de Montaigne, l'autre en réfutation de Lucrèce, sur la mort ; lectures fort applaudies. On se fait difficilement une idée de son énorme popularité. Son apparition suscitait une émotion générale ; et s'il récitait quelques vers, c'était du délire : « les louanges et l'enthousiasme n'avaient plus de mesure ». Des milliers de spectateurs le reconduisaient à sa demeure.

Un jour, il lut à l'académie une pièce : *Mon testament*, qui fit couler les pleurs de tout le monde : « Quels transports l'accueillirent en ce jour, disait son successeur à l'académie, quel mélange de tendresse et d'égards dans les exclamations qui s'élevaient autour de lui ! » Delille n'avait plus rien à souhaiter du côté de la gloire. Vieillard universellement respecté, poète indiscuté, aimé, vanté, exalté, il n'avait qu'à jouir tranquillement de cette douce existence. Mais il avait 75 ans. Une cinquième attaque de paralysie l'emporta le 1er mai 1813. Il mourait à temps, ayant eu le bonheur de ne pas survivre à sa gloire, et la fortune de ne pas assister à la réaction romantique inévitable. En entendant traiter le divin Racine de perruque, Boileau de polisson et appeler la tragédie des bottes éculées, il eût certainement regretté le temps où ses disciples souhaitaient :

> Que dans ces jours consacrés au repos,
> L'hôte laborieux des modestes hameaux,

> Sur sa table moins humble, ait par ma bienfaisance
> Quelques-uns de ces mets que chérit l'opulence.

C'est-à-dire une poule au pot.

Ses funérailles furent un deuil national. Un monument lui fut élevé au cimetière du Père-Lachaise avec ce seul mot pour inscription : DELILLE.

Saint-Amand (Cher). — Imprimerie BUSSIÈRE.

200